Made in the USA
Monee, IL
26 December 2022

23456764R00070